Emanuela Paterna

# ORIZZONTALE 3

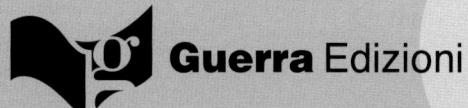
**Guerra** Edizioni

Progetto grafico
Keen s.r.l.

ISBN 978-88-557-0000-9

I edizione
© Copyright 2007 Guerra Edizioni - Perugia

**Guerra Edizioni**
via Aldo Manna, 25 - 06132 Perugia (Italia)
tel. +39 075 5270257-8 / fax +39 075 5288244
e-mail: geinfo@guerra-edizioni.com
www.guerra-edizioni.com

## Indice

**3 ORIZZONTALE –**
**livello avanzato**, raccolta di 45
giochi linguistici, presenta un modo facile
e divertente per esercitare ed ampliare la propria
conoscenza della lingua. Si tratta di cruciverba,
anagrammi, rebus e crucintarsi che mettono alla prova
non solo le competenze culturali e lessicali, ma anche quelle
grammaticali. In ogni gioco, infatti, si richiede allo studente di
memorizzare il vocabolario, coniugare verbi, declinare aggettivi e
pronomi o inserire preposizioni.
Ispirato alle classiche riviste di enigmistica, **3 ORIZZONTALE – livello**
**avanzato** può essere usato individualmente da tutti coloro che, fra un
corso e l'altro, sotto l'ombrellone, in aereo o ovunque si trovino, vogliano
tenersi in allenamento in modo divertente, ma anche dagli insegnanti
come libro per le vacanze, come supporto per "alleggerire" le lezioni, o
come valido strumento di verifica.
Tutte le soluzioni dei giochi sono riportate alla fine del testo.
A tutti gli studenti e insegnanti auguro buon divertimento!   L'autrice

ZZONTALE
livello
avanzato

## ❶ CRUCIVERBA

1. Ho bisogno di un biglietto aereo, forse è meglio che vada in agenzia a fare la ...
2. Participio passato di ASSUMERE.
3. Sostantivo di ESIBIRE.
4. Di solito, solitamente, generalmente.
5. In ogni modo.
6. Chi ha coraggio.
7. Aggettivo interrogativo che indica una scelta.
8. Per combattere l'..., alcune città adottano le targhe alterne.
9. Diploma che si ottiene al termine degli studi universitari.
10. Qualche, diversi.
11. Congiuntivo presente singolare di VENIRE.

12. Ruota che usiamo in auto per il cambio di direzione.
13. Introduce un'ipotesi.
14. Valutazione scolastica o manifestazione della propria scelta durante le elezioni.
15. Gerundio passato di FARE.
16. 2ª persona singolare passato remoto di ANDARE.
17. O, invece.
18. Superlativo assoluto di CATTIVO.
19. Lo è la zona dove non possono circolare le auto.
20. Insieme di musicisti.
21. Ogni persona.
22. La musica che accompagna un film.

## 2 I PRELIEVI

In ogni riga preleva una lettera da ogni gruppo di tre, in modo da ottenere, nell'ordine, il nome di una regione italiana. Le lettere restanti andranno a completare un proverbio.

| LLA | SIC | IAG | SUT | RRA | DAI | VAE |
|-----|-----|-----|-----|-----|-----|-----|
| CCT | OHI | ASN | CUO | VAA | NQU | ELA |
| SLA | SIC | CIA | NOI | NLT | IRO | VAA |

CHI ............. LA ............. ............. PER LA ............. SA .............

CHE ............. ............. SA QUEL CHE .............

## 3 CACCIA AL COMPOSTO!

Ad ogni parola della colonna di sinistra associane una elencata in fondo in modo da formare una nuova parola. Le lettere presenti nelle caselle più scure formeranno un'altra parola composta.

| LAVA | | | | | | | | |
|--------|--|--|--|--|--|--|--|--|
| TELE | | | | | | | | |
| BANCO | | | | | | | | |
| FRANCO | | | | | | | | |
| TOSTA | | | | | | | | |
| ASPIRA | | | | | | | | |
| ASCIUGA | | | | | | | | |
| ACCENDI | | | | | | | | |
| PASSA | | | | | | | | |
| PORTA | | | | | | | | |

BOLLO   CAPELLI   CHIAVI   COMANDO
GAS   NOTA   PANE   POLVERE   PORTO   STOVIGLIE

## 4 ESTRAZIONE

Da' il nome a ciascuna figura e prendi nell'ordine le lettere indicate dai numeri. Otterrai la frase iniziale de "I Promessi Sposi", il romanzo di Alessandro Manzoni.

**(4, 4, 3, 4, 2, 4)**

**1** (1-2)

**2** (8-7)

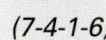

**3** (7-4-1-6)

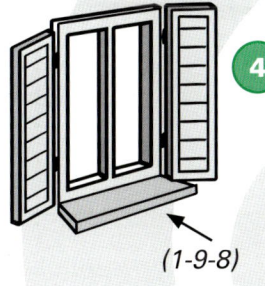

**4** (1-9-8)

**5** (3-4-1-6)

**6** (5-6-1-2-3-8)

## 5 PROVERBI

Abbina le frasi per completare 8 famosi proverbi.

1. **chi cerca**
2. *l'appetito vien*
3. TUTTO BENE QUEL
4. ride bene
5. *tra il dire e il fare c'è*
6. **chi dorme**
7. *quando il gatto non c'è*
8. **l'unione fa**

a. *di mezzo il mare*
b. *la forza*
c. **non piglia pesci**
d. **che finisce bene**
e. i topi ballano
f. **trova**
g. CHI RIDE ULTIMO
h. **mangiando**

## 6 MAXI CRUCIVERBA

1. Si raccontano ai bambini prima che si addormentino.
2. 3ª persona singolare passato remoto di FARE.
3. Le barche a … vengono spinte dalla sola forza del vento.
4. Non questo.
5. In altre parole, ossia.
6. Brutto carattere.
7. Caldo umido.
8. L'acqua con le bolle.
9. Questa mattina.
10. La Terra trema.
11. Chi, la persona che, … che.
12. Una cosa che non si può neanche pensare.
13. Alloggio all'ultimo piano di un palazzo.
14. Rivista che viene pubblicata una volta a settimana.
15. Il mare che bagna le coste est dell'Italia.
16. @.
17. Gerundio presente del verbo DIRE.
18. Vecchio, di valore.
19. 2ª persona singolare congiuntivo trapassato di ARRIVARE.
20. Non sicuro, magari
21. 1ª persona singolare condizionale semplice di RIMANERE.
22. Grande pesce terrore dei mari e protagonista di un film.
23. Abbreviazione di GENTILE.
24. Eccetto.
25. Gioco in cui regine e torri si spostano in quadrati bianchi e neri.
26. Vacanza in nave.
27. Conclude un elenco e la sua abbreviazione è "ecc".
28. Non si muove.
29. Senza nome.
30. Soffro di una forte … al pelo dei gatti. Se li accarezzo mi bruciano subito gli occhi.
31. Frutto marrone dentro un riccio.
32. Pronome relativo.
33. Lento ma anche strumento musicale.
34. Chi "accende la luce" per mestiere.
35. Il "coperchio" di un'abitazione.
36. 1ª persona singolare passato remoto di DIRE.
37. Chi fa le immersioni in mare.
38. Un muro è fatto di…
39. Chi non può parlare.
40. Quella ad U in alcune strade è vietata
41. Non fare …, il bambino sta dormendo!
42. La fa il chirurgo, ma anche lo studente di matematica.
43. La città principale di uno Stato dove ha sede il governo.
44. Sinonimo di genere, specie, sorta.
45. Chi ha la testa dura.
46. L'insieme degli abitanti di un paese.
47. Recentemente.
48. Accompagna il tuono.
49. La città distrutta dall'eruzione del Vesuvio nel 47 d.C.
50. 2ª persona congiuntivo presente di PRENDERE.
51. L'insetto noioso che ti punge…
52. Guardare con attenzione.
53. I confini della Valle d'Aosta e voce del verbo ANDARE.
54. Quelle pedonali le attraversi.

## L'ENIGMA DELLE STRISCE

Cambia l'ordine di queste 7 strisce in modo che, leggendo orizzontalmente le lettere, si legga un famoso proverbio.

**(6, 2, 4, 4, 3, 3, 7, 6)**

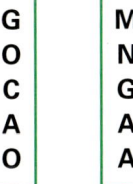

| G | M | L | U | E | O | I |
|---|---|---|---|---|---|---|
| O | N | V | G | U | O | O |
| C | G | H | N | I | U | E |
| A | A | L | N | G | I | L |
| O | A | M | I | D | N | A |

## 8 IMCEAN
## CINEMA

Risolvi gli anagrammi e trova le parole nascoste.

| | | | | | | | | | | | | | | |
|---|---|---|---|---|---|---|---|---|---|---|---|---|---|---|
| T | P | C | O | L | O | N | N | A | S | O | N | O | R | A |
| I | R | R | O | O | M | A | O | N | Z | O | C | E | R | T |
| T | O | I | S | M | M | R | I | L | F | N | G | A | C | T |
| O | T | A | R | C | M | L | E | E | O | I | N | U | O | O |
| L | A | M | I | A | E | E | O | G | S | U | L | V | P | R |
| I | G | A | P | M | O | N | D | T | I | C | R | M | I | E |
| D | O | R | R | I | I | K | A | I | C | A | N | E | O | M |
| I | N | T | E | R | P | R | E | T | A | Z | I | O | N | E |
| C | I | A | S | P | R | O | D | U | T | T | O | R | E | P |
| O | S | A | E | R | A | P | E | L | L | I | C | O | L | A |
| D | T | O | M | R | A | H | C | S | E | D | N | A | R | G |
| A | A | R | U | T | A | I | G | G | E | N | E | C | S | D |

- TROATE
- CAKI
- CONSOLONOARNA
  (2 parole)
- MECODIMA
- POICNEO

- LIMF
- CHEGRANDOSMER
  (2 parole)
- ZITERPRATENONIE
- LICEPALLO
- MIRPA

- DORTUPORTE
- TROPAGISTANO
- GRAIE
- SIRAGET
- SREPERI
- LUORO

- CASNE
- GISCATENUERGA
- CITTOLADIDIO
  (3 parole)
- MARTA

## 9 CAMBI ENIGMATICI

Sostituisci la lettera in grassetto di ogni parola con un'altra in modo da trasformarle tutte in nuove parole che, lette poi di seguito, formino un proverbio.

TE**T**TO **Ò** C**E**NE QU**A**L CH**I** R**I**NISCE B**E**RE

## CUCINA ITALIANA

Trova le parole nascoste. Le lettere rimanenti formeranno il nome di 3 primi piatti.

| | | | | | | | | | | | | | | |
|---|---|---|---|---|---|---|---|---|---|---|---|---|---|---|
| B | B | E | C | S | E | P | I | D | A | P | P | U | Z | U | O |
| R | L | A | S | A | G | N | E | C | O | I | A | O | A | T | D |
| O | I | N | I | C | N | A | L | L | F | G | N | T | A | P | U |
| D | O | L | C | E | O | T | M | A | U | A | N | N | T | A | R |
| O | R | I | C | T | C | A | I | I | T | R | A | E | O | N | C |
| P | E | S | T | O | C | G | A | P | R | A | N | M | L | E | O |
| E | C | U | A | B | H | L | A | R | A | P | I | I | L | T | T |
| L | O | G | C | A | I | I | O | C | T | S | S | D | Ŀ | T | T |
| E | N | O | O | L | O | A | T | I | C | A | T | N | C | O | U |
| I | T | T | Z | S | C | T | O | A | L | E | L | O | N | N | I |
| M | O | Z | Z | A | R | E | L | L | A | G | T | C | O | E | C |
| L | R | O | E | M | E | L | Z | A | E | L | A | S | M | F | S |
| F | N | E | R | I | M | L | U | S | I | M | A | R | I | T | O |
| A | O | N | O | C | A | E | P | E | P | C | A | N | L | B | R |
| N | E | L | F | O | C | A | C | C | I | A | L | O | N | I | P |

- ACETO BALSAMICO
- AGLIO
- ANTIPASTO
- ASPARAGI
- BISTECCA
- BRODO
- CONDIMENTO
- CONTORNO
- COZZE
- CREMA
- DOLCE
- FOCACCIA
- GNOCCHI
- LASAGNE
- LIMONCELLO
- MIELE
- MOZZARELLA
- PANETTONE
- PANNA
- PEPE
- PESTO
- PROSCIUTTO CRUDO
- SALE
- SUGO
- TAGLIATELLE
- TARTUFO
- TIRAMISÙ
- ZUPPA DI PESCE

## TRASFUSIONE

Completa ogni parola di destra scrivendo su ogni puntino una delle lettere presenti nella parola alla sua sinistra.

| | |
|---|---|
| FORTUNA | VE . D . R . |
| DESTINO | D . . T . STA |
| PAZIENZA | S . . Z . OLA |
| POSTINO | T . S . A . ANE |
| SISTEMARE | A . R . D . . ENTO |
| COPERTA | . AP . EZZ . . IA |

**CRUCIVERBA**

1. Malgrado, sebbene.
2. Vale a dire, ovvero.
3. L'insetto a strisce che va di fiore in fiore.
4. La parte più bassa di una bottiglia.
5. Animale da stalla, ma anche pessimo studente.
6. Furbo, intelligente.
7. In mezzo al deserto puoi soffrire di miraggi, ma soprattutto di…
8. 3ª persona plurale congiuntivo passato di GIUNGERE.
9. Oriente.

10. Né caldo né freddo.
11. Il calare del sole.
12. Possibile, eventuale.
13. Portare prove a conferma o giustificazione di un fatto, di una verità.
14. Ogni persona.
15. Marco ha vinto la gara, ha tagliato per primo la linea del …
16. Lo sfortunato non ce l'ha.
17. 3ª persona singolare congiuntivo trapassato di RIMANERE.
18. L'isola in cui non possono circolare le auto.

**19.** Il metallo della medaglia di chi arriva terzo.
**20.** Congiunzione correlativa e congiuntivo di essere…
**21.** Scende sulla guancia con il pianto.
**22.** Il cavaliere ideale regala sempre un … di fiori!
**23.** Lingua di fuoco.
**24.** Il panda è uno dei tanti animali in via di…
**25.** Se dici la verità parli …
**26.** Chi non ti è amico.
**27.** Fra la gamba ed il piede.

**28.** 2ª persona plurale congiuntivo presente di AVERE.
**29.** Avere i brividi.
**30.** In ogni luogo, dappertutto.
**31.** Assolutamente non comune.
**32.** Rifiuti, spazzatura.
**33.** Lo fa il muratore per professione.
**34.** La storia di un film o di un libro.
**35.** Qualcosa che serve.
**36.** 2ª persona plurale congiuntivo trapassato di ARRIVARE.

## 18 L'AUTO

| | | | | | | | | | | | | | | |
|---|---|---|---|---|---|---|---|---|---|---|---|---|---|---|
| F | L | A | N | C | I | O | T | T | E | I | H | C | C | E | P | S |
| R | A | U | T | A | U | T | O | R | A | D | I | O | O | B | T | I |
| I | A | A | V | N | C | H | F | R | E | C | C | I | A | O | A | I |
| Z | T | T | F | O | E | O | R | R | A | R | I | N | P | L | R | A |
| I | T | A | M | N | L | N | B | O | R | G | E | O | S | H | E | I |
| O | I | R | N | E | I | A | O | N | I | R | T | S | E | N | I | F |
| N | M | G | I | R | A | F | N | A | O | L | F | C | D | A | T | O |
| E | R | A | I | F | N | O | N | T | E | O | C | A | I | E | R | I |
| N | A | T | I | F | I | C | O | A | E | T | I | L | L | V | O | B |
| E | M | P | N | E | U | M | A | T | I | C | O | C | E | C | P | M |
| O | C | N | E | R | O | T | A | R | E | L | E | C | C | A | H | A |
| M | T | E | R | G | I | C | R | I | S | T | A | L | L | O | V | C |

- ACCELERATORE
- AUTORADIO
- CAMBIO
- CLACSON
- COFANO
- FARI
- FINESTRINO
- FRECCIA
- FRENO
- FRIZIONE
- MARMITTA
- MOTORE
- PNEUMATICO
- PORTIERA
- SEDILE
- SPECCHIETTO
- STOP
- TARGA
- TERGICRISTALLO
- VOLANTE

## SOTTRAZIONE

In ogni gruppo di lettere sono intercalate quelle che formano la parola da ricercarsi in base alla definizione e che devono poi essere cancellate. Quelle che resteranno, prese tutte di seguito nel loro ordine, formeranno il titolo di un'opera di Luigi Pirandello.

**(3, 10, 2, 5, 1, 6)**

**1.** Esibizione di un cantante o musicista.  SECONICPERETO
**2.** Il figlio del re.  PRRISNOCINPEA
**3.** Il mobile accanto al letto.  CGOMGIOIDINNO
**4.** Era costretto a lavorare in catene.  CSECHRCIAAVDO
**5.** Colui che non segue le regole.  ARUTIBOERLLEE

## PER CHI HA PAZIENZA

Cancella le sillabe delle 8 parole definite. Quelle che rimarranno, lette di seguito, daranno il nome di una famosa rassegna cinematografica italiana.

- BOC • GIO • BI • FES • PO • CA • TI • CIA • CO • SCE • VAL • CO
- DEL • DIS • CI • TO • LA • O • NE • PAG • A • TRAT • MA • NI
- QUI • RI • AC • DI • RO • SIN • E • CIA • VE • TO • PAL • LAN • NE
- QU • MO • TO • ZIA • VO

**1.** Vasca in cui si tengono pesci o piante acquatiche.
**2.** Chi ha la testa tra le nuvole.
**3.** Opera di grande valore, eccellente, la migliore fra quelle di un artista, di un genere, di un'epoca.
**4.** L'insieme di tutte le persone addette al servizio di una nave o di un aereo.
**5.** Nei teatri, il piano sopra il quale recitano gli attori.
**6.** Strumento usato per determinare il peso di persone e o alimenti.
**7.** Segno, indizio di una malattia.
**8.** Lo studente che non ha superato un esame.

**16** CONDIZIONALE O CONGIUNTIVO?

condizionale

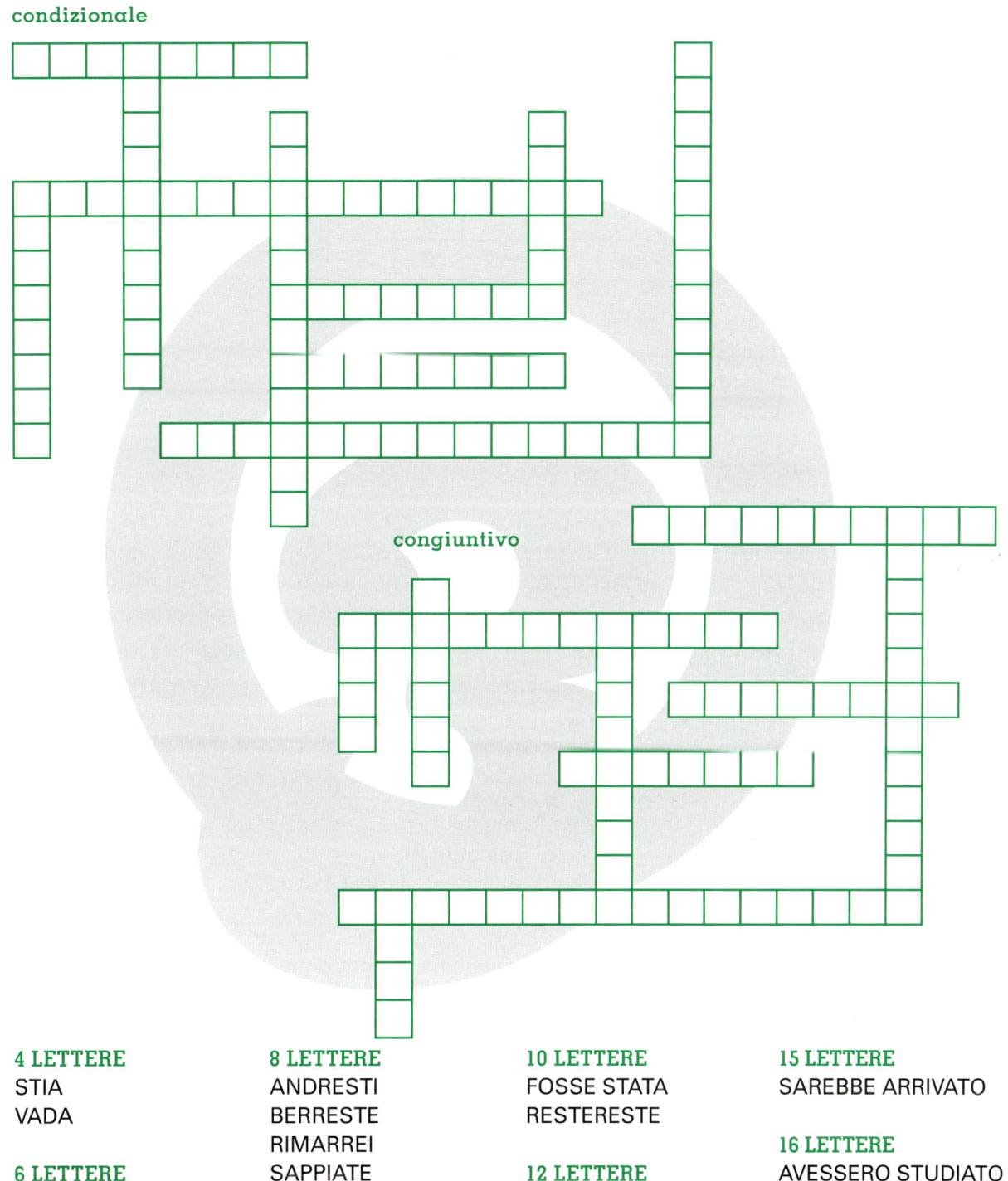

congiuntivo

**4 LETTERE**
STIA
VADA

**6 LETTERE**
FACCIA
POTREI

**7 LETTERE**
ANDASTE

**8 LETTERE**
ANDRESTI
BERRESTE
RIMARREI
SAPPIATE
VERREMMO

**9 LETTERE**
RIMANGANO

**10 LETTERE**
FOSSE STATA
RESTERESTE

**12 LETTERE**
ABBIATE PRESO
AVRESTI DETTO
PARTIREBBERO
SIANO TORNATI

**15 LETTERE**
SAREBBE ARRIVATO

**16 LETTERE**
AVESSERO STUDIATO
AVREBBERO PARLATO

## 17 LA SOSTITUZIONE

A numero uguale corrisponde lettera uguale.

| | | | | | | | | |
|---|---|---|---|---|---|---|---|---|
| **1.** | 1 | 2 | 3 | 2 | 4 | 4 | 5 | 2 |
| **2.** | 6 | 7 | 4 | 8 | 5 | 1 | 1 | 9 |
| **3.** | 10 | 2 | 3 | 8 | 11 | 2 | 12 | 9 |
| **4.** | 1 | 2 | 3 | 8 | 5 | 3 | 3 | 2 |
| **5.** | 4 | 8 | 9 | 11 | 12 | 13 | 8 | 2 |
| **6.** | 5 | 3 | 5 | 14 | 9 | 12 | 8 | 5 |

**1.** Monumento simbolo di Roma.
**2.** Spessa fetta di carne.
**3.** È più comoda di una sedia e più piccola di un divano.
**4.** C'era una nebbia così fitta che si poteva tagliare con un …
**5.** Non riesci a trattenerlo e, quando arriva, gli altri ti augurano "salute"!
**6.** Ha lunghe zanne d'avorio e può essere di tipo africano o asiatico.

## 18 MACCHÉ ITALIANO

Abbina le parole straniere largamente usate in italiano della colonna di sinistra con gli equivalenti italiani della colonna di destra. Le lettere corrispondenti andranno a completare il nome dell'istituto nazionale italiano per la salvaguardia e lo studio della lingua italiana.

1. **boutique**          a. passatempo (C)

2. *meeting*          b. riposo (C)

3. LOOK          c. celebrità (R)

4. fan          d. negozio elegante (C)

5. *relax*          e. locandina, riproduzione (A)

6. **celebrity**          f. ammiratore, sostenitore (I)

7. *hostess*          g. riunione (A)

8. **staff**          h. aspetto, immagine, modo di vestirsi (E)

9. **hobby**          i. assistente di volo (U)

10. poster          j. gruppo di lavoro, squadra (S)

L'A.C.D.M.A. DELLA …

**19** **E SE...**

Completa i seguenti periodi ipotetici ed inserisci le forme corrette dei verbi nello schema.

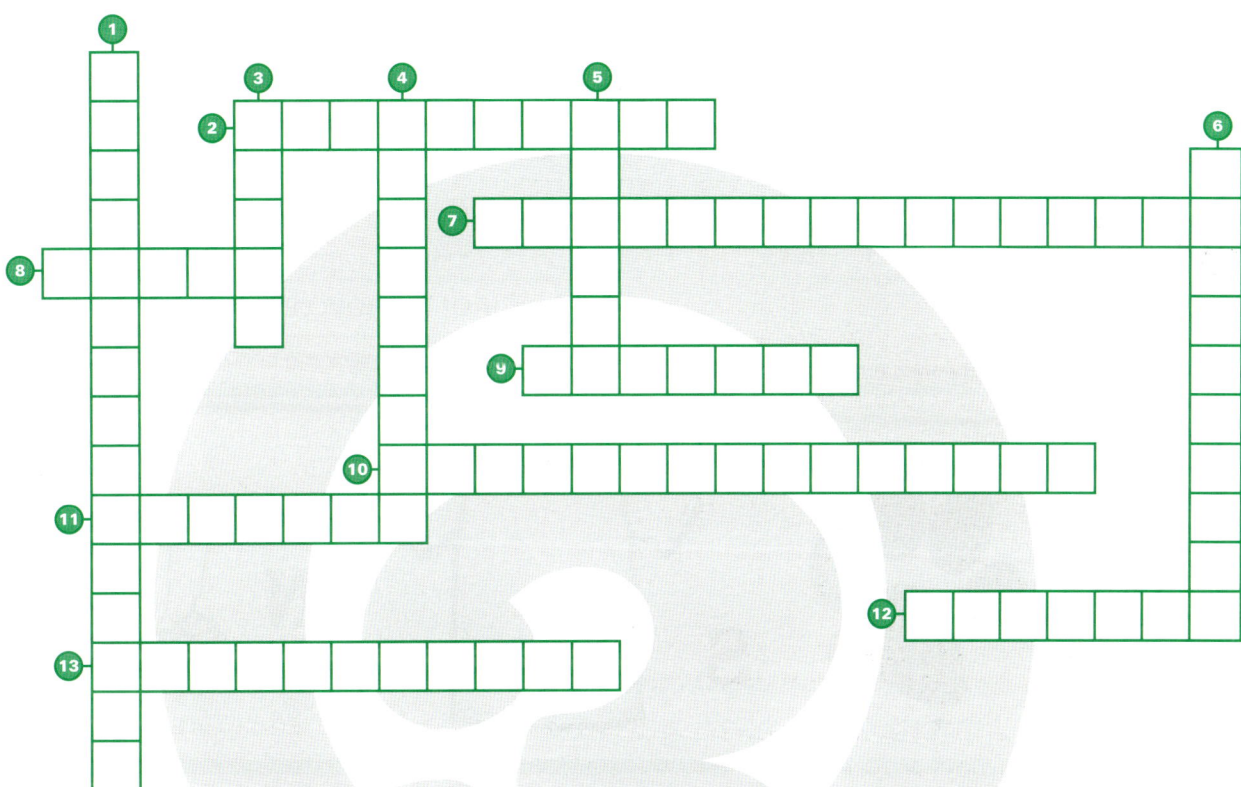

1. Ti TELEFONARE, se avessi avuto il tuo numero.
2. Se ESSERE magra, avrei fatto la ballerina classica.
3. FARE il giro del mondo, se vincessi la lotteria.
4. Se SMETTERE di fumare, sarebbe molto meglio per la sua salute.
5. Se non AVERE paura dell'aereo, andrei volentieri in Argentina.
6. Se DORMIRE un po' di più, la mattina sarebbero più in forma.
7. Se noi STUDIARE, avremmo superato l'esame.
8. Se PIOVERE, rimango a casa.
9. Se continui a mangiare cibi fritti, FINIRE per rovinarti il fegato!
10. Se voi non aveste perso il treno, ARRIVARE in tempo.
11. Se voi FARE un po' più attenzione, non ci sarebbero tutti questi errori!
12. Marco andrebbe volentieri alla festa, se i suoi genitori gli DARE il permesso.
13. Se voi ieri non PRENDERE freddo, ora non sareste a casa con la febbre!

**20** SCEGLI LA VOCALE

Per ogni gruppo di vocali scegline solo una. Troverai così l'espressione con cui si indica l'abitudine di raccogliere il sugo dal piatto con un pezzo di pane.

## faeiouraeioulaeiouscaeiourpaeiouttaeiou

**21** REBUS

"CIAO! TI TROVO BENISSIMO, SEI IN ...!"

F    S    N

**22** LO SHANGAI

Trova l'esatto ordine per alzare le lettere e troverai un verbo sinonimo di "esitare".

## 23 CONGIUNGI & DISGIUNGI

1. Risparmiamo qualcosa ... rimarremo senza soldi.
2. Parlo a voce alta ... tutti mi possano sentire.
3. Ho incontrato Lucia ... aspettavo l'autobus.
4. Non ha superato l'esame ... avesse studiato molto.
5. Ieri non sono andato al lavoro ... stavo male.
6. Avevo bisogno di te e ... ti ho chiamato.
7. Non abbiamo fame e ... sete.
8. Dice di amarmi, ... non vuole sposarmi!
9. Mia zia, ... la sorella di mio padre, vive in Australia.
10. Vorrei sapere ... questo biglietto è rimborsabile.
11. Non parlare di me ... io non fossi qui!
12. Era così spaventato ... tremava come una foglia.
13. Partirò oggi ... domani.
14. Il sole splendeva ... non c'era affatto caldo.
15. Rimedia ai tuoi errori ... sia troppo tardi!
16. Questo libro è interessante ... allo stesso tempo un po' difficile.

## "Conosci l'Italia?

### 24 VERO O FALSO?

1. Le tagliatelle sono un tipo di pasta. V F
2. L'Italia confina con la Slovenia. V F
3. Alessandro Manzoni è l'autore della Divina Commedia. V F
4. Piazza San Marco è uno dei luoghi rappresentativi di Venezia. V F
5. Filippo Magnini è un grande campione di sci alpino. V F
6. La Basilica di San Pietro è opera di Leonardo. V F

### 25 OCCHIO AGLI INDIZI!

Segui gli indizi, ti porteranno a 4 "pezzi" d'Italia.

1. CUPOLONE – MONETA – FONTANA – IMPERO
2. LIGURIA – BASILICO – PINOLI – MORTAIO
3. LEONARDO – QUADRO – DONNA – LOUVRE
4. AUTO – ROSSA – CAVALLINO – UNO

## SCATTI D'ITALIA

**26** A quali città si riferiscono le seguenti immagini?

*LA VALLE DEI TEMPLI*

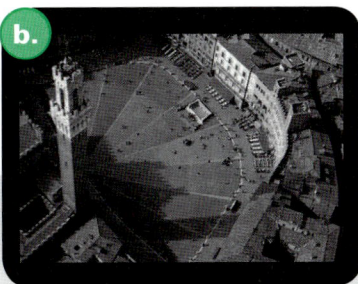

*PIAZZA DEL CAMPO*

*I FARAGLIONI*

*IL CARNEVALE*

*LA CASA DI GIULIETTA*

Verona   Capri   Venezia   Agrigento   Siena

## SALUTI DA...

Trova gli errori riguardanti Firenze presenti in questa lettera.

Cara Maya,

è ormai da un mese che sono a Firenze e solo adesso trovo il tempo per scriverti due righe... Infatti, fra le lezioni d'italiano e le ricerche di storia dell'arte rinascimentale per la mia tesi di laurea non mi rimane mai un minuto libero. La mia nuova città mi piace moltissimo!!! Non è molto grande, ma è piena di vita ed il suo fiume, il Tevere, la taglia in due. E poi, sono nella città in cui hanno vissuto artisti come Michelangelo, Raffaello, Leonardo!

Io qui mi trovo benissimo. Abito in una piccola mansarda con vista su Ponte di Rialto, ma ho veramente poco tempo per rimanere a casa! La mattina vado a lezione di italiano in una scuola del centro, mentre il pomeriggio di solito vado al museo degli Uffici ad ammirare e studiare da vicino i capolavori dell'arte rinascimentale, oppure faccio una passeggiata in Piazza della Signoria, il mio angolo fiorentino preferito!

Durante il fine settimana faccio spesso delle gite fuori Firenze insieme ai miei compagni di corso. D'altronde, tutto il Lazio è una regione da scoprire, proprio come il suo capoluogo...

Sai cosa ti dico? Potrai vedere tutto con i tuoi stessi occhi quando verrai a trovarmi... vedrai che ho ragione!

A presto!

Baci

Ana Lucia

## 28 IL MALATO IMMAGINARIO

Solo alcune delle seguenti espressioni indicano vere malattie. Trova quelle "false" e le lettere corrispondenti formeranno una tipica frase del medico durante una visita...

**(4, 9)**

1. influenza (A)
2. rompicapo (D)
3. palla al piede (I)
4. gomito del tennista (M)
5. tallone d'Achille (C)
6. dente avvelenato (A)
7. mal di denti (N)
8. torcicollo (G)
9. giramento di testa (E)
10. orecchie da mercante (T)
11. otite (O)
12. pelle d'oca (R)
13. cuore a pezzi (E)
14. mal di gola (P)
15. nodo in gola (N)
16. febbre del sabato sera (T)
17. rodersi il fegato (A)
18. febbre da cavallo (F)
19. avere un peso sullo stomaco (T)
20. infarto (I)
21. occhi da pesce lesso (R)
22. avere il pollice verde (E)

## 29 PROVERBIO SOTTOSOPRA

Metti in ordine le parole dentro il fumetto e troverai così un vecchio proverbio.

**(2, 4, 1, 5, 1, 5, 1, 1, 3, 6, 1, 1, 1, 3, 4)**

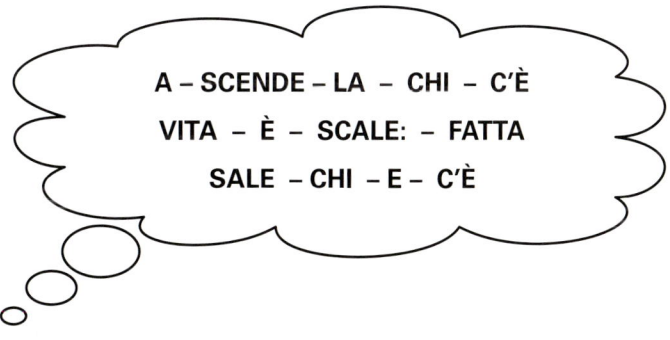

A – SCENDE – LA – CHI – C'È
VITA – È – SCALE: – FATTA
SALE – CHI – E – C'È

## 30 CRUCIVERBA

1. Parte inferiore del viso, più o meno sporgente.
2. Scioglimento del contratto da parte del datore di lavoro.
3. In ogni modo.
4. Chi, o … che.
5. Espressione usata con efficacia nel parlare, per richiamare l'attenzione o lo sguardo su cose, persone o avvenimenti.
6. Si mette sopra un taglio o una ferita.
7. Sorprendere, meravigliare.
8. Chi non dice la verità.
9. Dal … scende acqua fredda o calda…
10. 1ª persona plurale congiuntivo imperfetto di RIMANERE.
11. Sebbene, benché.
12. Gerundio presente di FARE.
13. Il rubare, il sottrarre roba di altri.
14. Nemmeno.
15. Affidabile e ragionevole.
16. Forza necessaria per affrontare disagi e pericoli.
17. Chi vende gioielli.
18. Insieme di isole.
19. La persona che, in uno spettacolo, presenta al pubblico i vari personaggi.
20. Commercio di opere d'arte, mobili, oggetti, libri antichi.
21. Ogni fumatore ne ha almeno uno in casa.
22. – Preferisco vivere povero … che vivere ricco da disonesto.
23. Se vuoi mangiare due volte lo stesso piatto, chiedi il…
24. 3ª persona plurale congiuntivo presente di STARE.
25. Dote, valore.
26. Grande fuoco che si propaga provocando danni e distruzione.
27. Può essere un negozio ma anche uno scaffale per libri.
28. Infinito passato di VENIRE.
29. Illogico, insensato.
30. Non comodo.
31. Non c'è rosa senza…
32. Sport e maglione.
33. Aggettivo del sostantivo FRAGRANZA.
34. Gerundio presente di ESSERE.
35. Se uno è allegro, sulla sua bocca si vede un bel …
36. Dove non batte il sole c'è…
37. Cioè, vale a dire.
38. Participio presente di VINCERE.
39. Può soffrirne chi è sempre solo.
40. Animale lento che striscia e si porta sempre dietro la propria casa.
41. Lo Stato in cui vive il Papa.
42. Non vedo l'ora, … tre giorni parto per le vacanze!
43. È più antico e "romantico" di un termosifone…
44. Il "ditone" della mano.
45. Può essere montuosa, di ferro, di montaggio…
46. Participio presente di DELUDERE.
47. Ciascuna delle parti in cui vengono suddivisi i vari capitoli di un libro.
48. Sostantivo dell'aggettivo AFOSO.
49. Indica incertezza.
50. Chi non è colpevole.
51. Fra i suoi colpi ci sono il dritto ed il rovescio…
52. 1ª persona singolare congiuntivo presente di RIUSCIRE.
53. Marco ha un pessimo carattere, è sempre di cattivo …
54. Sinonimo di PIANO, LENTAMENTE.
55. – Il pagamento dovrà essere effettuato … e non oltre il 31 gennaio.

**31** MAGGIORANZA

Trova le 7 parole e scrivile nella tabella. Per ogni parola trova la lettera che è ripetuta più volte (ad esempio: SCATOLA = A). Queste lettere, prese nell'ordine, daranno il nome di un vino dolce di Pantelleria.

1. Lo usi per chiudere una bottiglia.
2. La puoi trovare in classe, e può essere nera o bianca.
3. Colui che uccide.
4. Piccolo pezzo di pietra, di forma pressoché tondeggiante.
5. Cose che non servono.
6. Garbo, sensibilità.
6. Riprodursi di immagini che vediamo nel sonno.

**32** ATTINENZA

Accanto a ogni parola che appare nello schema qui sotto, mettine una di quelle in basso in modo tale che fra le due ci sia un legame. Le lettere presenti nelle caselle più scure formeranno il nome di un famoso teatro.

| | | | | | | | | | | | | |
|---|---|---|---|---|---|---|---|---|---|---|---|---|
| SPUNTINO | | | | | | | | | | | | |
| GIORNALISTA | | | | | | | | | | | | |
| FUI | | | | | | | | | | | | |
| COLORO CHE | | | | | | | | | | | | |
| TOSCANA | | | | | | | | | | | | |
| TARGA | | | | | | | | | | | | |
| FERRO | | | | | | | | | | | | |
| RADICI | | | | | | | | | | | | |
| ASPIRAPOLVERE | | | | | | | | | | | | |
| CINTURA | | | | | | | | | | | | |
| PARAGRAFO | | | | | | | | | | | | |
| PRENOTAZIONE | | | | | | | | | | | | |

- ACCESSORIO
- ALBERGO
- ALBERO
- AUTO
- CAPITOLO
- ELETTRODOMESTICO
- METALLO
- PASSATO REMOTO
- PASTO
- PROFESSIONE
- PRONOME
- REGIONE

## 33 LA GRIGLIA

Trova le parole. Le lettere indicate dai numeri formeranno il nome del monumento simbolo della città di Torino.

| | | | |
|---|---|---|---|
| 1. | ....................................... | (1, 8) | |
| 2. | ....................................... | (2, 1) | |
| 3. | ....................................... | (8, 3) | |
| 4. | ....................................... | (1, 6) | |
| 5. | ....................................... | (4, 7) | |
| 6. | ........... .................,,,,,, | (5, 6) | |
| 7. | ....................................... | (7, 2) | |
| 8. | ....................................... | (3, 8) | |

1. Lo usi per piantare i chiodi su un muro.
2. Per un'occasione molto importante ti vesti in modo...
3. Vivanda fatta di pasta, riso, legumi o verdure cotte nel brodo di carne o nell'acqua con qualche condimento.
4. Apparecchio per comandare a distanza il televisore.

5. "Racchiude" foto o quadri.
6. È usata soprattutto per friggere.
7. L'invenzione di Edison che dà luce...
8. Impugnatura che si applica a porte, mobili e cassetti.

## 34 CAPOLAVORI D'ITALIA

Trova le 8 parole nascoste legate all'arte e fai attenzione, alcune sono scritte al contrario. Le lettere rimanenti formeranno il nome di una famosa opera di Sandro Botticelli.

**Isculturaapmostrariottartirmmonumentoavnaturamortaeautatsroperadarteapinacoteca**

## 35 A SPASSO PER LO STIVALE

| P | A | S | C | O | L | I | U | L | C | A | T | A | N | I | A |
| A | S | P | A | S | A | R | N | T | C | A | S | E | R | T | A |
| I | T | F | I | I | A | A | A | C | E | T | S | E | I | R | T |
| R | I | O | T | S | E | I | U | R | P | E | R | U | G | I | A |
| E | C | L | S | O | A | L | B | E | R | O | B | E | L | L | O |
| P | O | I | E | L | A | G | S | A | D | O | I | O | G | A | R |
| M | S | G | T | A | N | A | A | B | L | A | P | L | L | A | M |
| I | E | N | O | D | O | C | U | O | R | A | A | A | I | V | I |
| L | N | O | R | E | C | U | G | E | N | O | V | A | N | O | N |
| A | Z | L | I | L | N | N | G | C | O | M | O | H | I | D | A |
| N | A | D | N | B | A | E | E | R | O | S | T | H | M | A | I |
| O | O | E | O | A | S | O | M | A | T | E | R | A | I | P | I |
| T | M | O | O | M | R | E | L | A | P | R | E | I | R | A | B |

- ALBA
- ALBEROBELLO
- ANCONA
- AOSTA
- ASCOLI
- ASSISI
- ASTI
- BARI

- BOLOGNA
- CAGLIARI
- CASERTA
- CATANIA
- COMO
- COSENZA
- CUNEO
- FOLIGNO

- GENOVA
- IMPERIA
- ISOLA D'ELBA
- LUCCA
- MATERA
- MILANO
- NAPOLI
- PADOVA

- PALERMO
- PERUGIA
- PISA
- RIMINI
- TAORMINA
- TODI
- TORINO
- TRIESTE

## 36 IL PASSATO È PASSATO

Alcune delle seguenti forme verbali al passato remoto sono sbagliate: trovale e le iniziali formeranno il nome del famoso personaggio storico conosciuto come "eroe dei due mondi".

venisti  fummo  giocatti  andaste  ascoltamo  lavorasti  dissero
rimanei  incontrirono  fece  bevvimo  aiutei  ebbero  finisti  lavorassirono
parlò  comprammo  diedesti  mangiaste  istruitti

## 37 LO SHANGAI

Trova l'ordine esatto per alzare le lettere e otterrai il simbolo del carnevale di Ivrea.

## 38 ATTIVO O PASSIVO?

|  | A | P |
|---|---|---|
|  |  |  |

1. Che delusione, non è venuto quasi nessuno alla festa!
2. L'aereo è stato dirottato.
3. La macchina è andata distrutta nell'incidente.
4. Ugo Foscolo compose *I Sepolcri*.
5. La casa è stata venduta.
6. Domani accompagnerò mio figlio all'Acquario di Genova.
7. Tutti i problemi sono stati risolti.
8. Una volta, il pane veniva fatto in casa.
9. Per favore, spedisca questo fax il più presto possibile!
10. Paolo mi ha offerto un caffè.
11. I pacchi vengono consegnati a domicilio.
12. Il mese prossimo mi comprerò finalmente una macchina nuova!
13. Il programma della mostra verrà presentato domani.
14. I bambini sono stati trovati dalla squadra ricerche nel cuore della notte.

attivo

passivo

## 39 L'INTRUSO

In ogni riquadro una parola non va d'accordo con le altre. Quale?

colui che
glielo
chiunque
comunque

dinamico
pigro
poltrone
svogliato

sappia
seppe
siano
stessero

peggiore
migliore
ottimo
maggiore

## 40 COMPRO UNA VOCALE!

Sono presenti nelle cucine di tutti gli italiani...

*cffttr*          *grttg*          *sclpst*

## 41 CACCIA ALL'OPPOSTO

Trova gli opposti. Le lettere presenti nelle caselle più scure completeranno il nome di un piatto a base di melanzane.

| | | | | | | | | | | | |
|---|---|---|---|---|---|---|---|---|---|---|---|
| **INNOCENTE** | | | | | | | | | | | |
| **CONTINUO** | | | | | | | | | | | |
| **DOCILE** | | | | | | | | | | | |
| **SELVAGGIO** | | | | | | | | | | | |
| **MALIZIOSO** | | | | | | | | | | | |
| **COLTO** | | | | | | | | | | | |
| **NOCIVO** | | | | | | | | | | | |
| **VENDITORE** | | | | | | | | | | | |

• AC   • AD   • BEL   • CA   • COL   • DO   • GE   • GNO   • I   • IN   • IN
• LE   • LE   • ME   • NO   • NU   • O   • PE   • QUI   • QUO   • RAN   • REN
• RI   • RIO   • SAL   • STI   • TE   • TE   • TO   • TUA   • VO

MELANZANE ALLA........... !

## 42 ERRORANDO!

Il parolone qui sotto è formato da 6 parole. Una sola parola è scritta in modo corretto, le altre sono sbagliate...

**aquariocoscenzaaereoportodappertuttopioggierellinascomessa**

## PARI O DISPARI?

Per ogni riga cancella le lettere in posizione pari, oppure quelle in posizione dispari. Se l'avrai risolto correttamente, otterrai uno scioglilingua.

(5, 2, 5, 2, 5, 5, 5, 2, 5, 2, 5, 5)

| 1. | S | G | O | A | P | T | R | R | A | E | L | O |
|----|---|---|---|---|---|---|---|---|---|---|---|---|
| 2. | S | A | E | P | V | A | O | N | R | C | A | A |
| 3. | N | L | E | A | L | C | C | A | E | P | U | R |
| 4. | A | V | C | E | A | L | M | Q | P | M | A | V |
| 5. | R | S | I | O | S | T | E | T | D | O | O | L |
| 6. | A | B | P | A | A | C | N | I | C | B | A | D |
| 7. | L | C | A | E | C | T | A | I | P | N | R | A |
| 8. | D | A | E | C | F | R | I | E | L | P | Q | A |

## L'ABC

Sostituisci ogni consonante con quella che la precede nell'alfabeto ed ogni vocale con quella che la segue (ad esempio: C → B, O → U). Troverai così il nome con cui viene chiamata la bandiera italiana.

EM VSEDIMISA

**MAXI CRUCIVERBA**

**45**

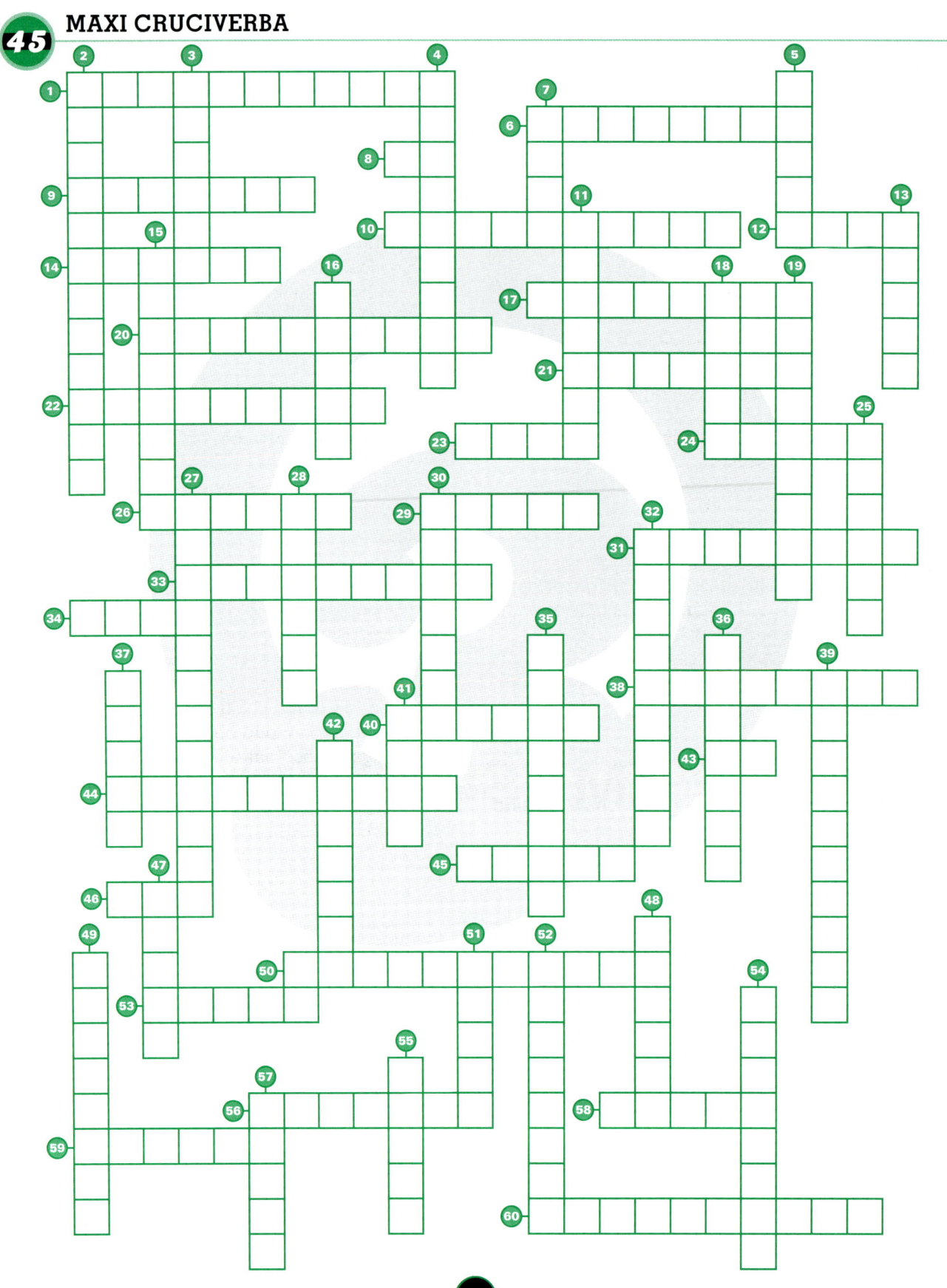

1. Ciò che deriva da fatti precedenti.
2. Comodo, accogliente.
3. Periodo di 100 anni.
4. Chi si occupa degli altri.
5. Il "rifugio" di navi e barche.
6. Situazione da cui può derivare un male.
7. Quelli non dispari.
8. Trasformano "monte" in "botte".
9. Ognuno dei vari corsi di studio universitario che permettono di conseguire la laurea.
10. Recupero della salute.
11. Promettere in modo incondizionato.
12. Lo scheletro è un insieme di...
13. Singolare congiuntivo presente di AVERE.
14. Una persona molto stanca ha bisogno di ...
15. Quel volatile che può portare messaggi...
16. Massa di persone.
17. Spesso è in correlazione con una congiunzione concessiva come "benché" o "sebbene".
18. Ti ci immergi per un bel bagno...
19. Consuetudine, uso.
20. La puoi bere calda in tazza con la panna.
21. 1ª persona singolare congiuntivo imperfetto di ANDARE.
22. Autentico e singolare.
23. Divide un campo da tennis.
24. Pungente, intenso, vivo.
25. Ogni persona.
26. Dell'estate.
27. 1ª persona plurale condizionale passato di ESSERE.
28. Lo sono A, E, I, O, U.
29. È bianco ed allontana i vampiri.
30. Chi non è più giovane.
31. Qualunque persona.
32. La si scrive per mandare saluti dal posto di vacanza.
33. L'opposto della povertà.
34. 3ª persona singolare passato remoto di VEDERE.
35. Mostrare con il dito.
36. Materiale con cui vengono prodotte le pentole.
37. Vendemmia senza vocali.
38. Opposto di LIBERARE.
39. Opposto di ALLUNGARE.
40. Popolazioni che non hanno una dimora stabile.
41. Il colore più scuro.
42. Non troppo caldo e non troppo freddo.
43. Prefisso utilizzato per formare un opposto.
44. Chi si sveglia molto presto.
45. Tori, capre e stambecchi le hanno in comune.
46. Non lì.
47. Il solo.
48. La scrive il poeta.
49. Opposto di TIRARE.
50. Gerundio presente di SOSTITUIRE.
51. Le devono pagare tutti i cittadini.
52. Pieno di energia.
53. Non la mangia il vegetariano.
54. L'acqua che si può bere.
55. L'organo che "batte".
56. Può essere di carnevale o da bagno.
57. Chi non può vedere.
58. La gamba degli animali.
59. Che non hanno fine.
60. Fa ombra in spiaggia.

# Soluzioni

## SOLUZIONI

**1**

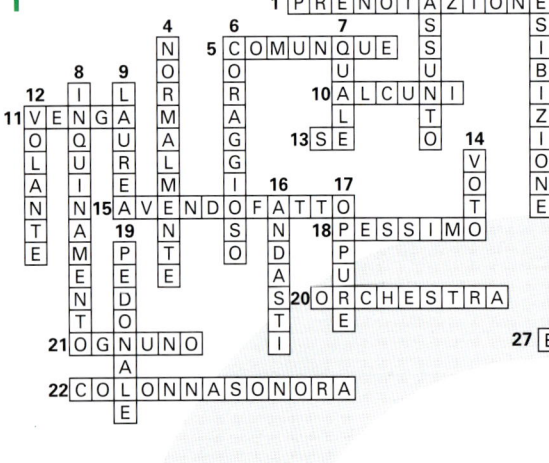

**6**

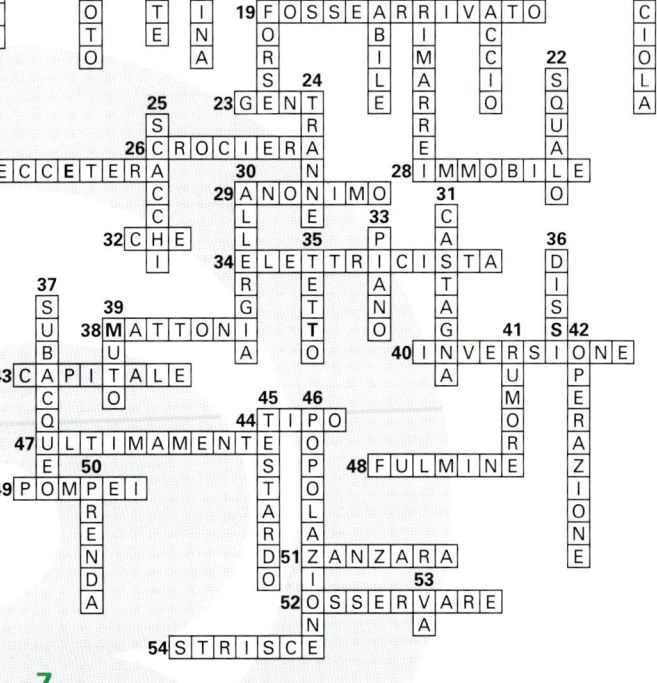

**2**

| | | | | | |
|---|---|---|---|---|---|
| LLA | SIC | IAG | SUT | RRA | DAI | VAE |
| CCT | OHI | ASN | CUO | VAA | NQU | ELA |
| SLA | SIC | CIA | NOI | NLT | IRO | VAA |

CHI LASCIA LA STRADA VECCHIA PER LA NUOVA SA
QUEL CHE LASCIA NON SA QUEL CHE TROVA

**3**

| LAVA | S | T | O | V | I | G | L | I | E |
|---|---|---|---|---|---|---|---|---|---|
| TELE | C | O | M | A | N | D | O | | |
| BANCO | N | O | T | A | | | | | |
| FRANCO | B | O | L | L | O | | | | |
| TOSTA | P | A | N | E | | | | | |
| ASPIRA | P | O | L | V | E | R | E | | |
| ASCIUGA | C | A | P | E | L | L | I | | |
| ACCENDI | G | A | S | | | | | | |
| PASSA | P | O | R | T | O | | | | |
| PORTA | C | H | I | A | V | I | | | |

SCOLAPASTA

**4**

QUEL RAMO DEL LAGO DI COMO...

**2**

1F; 2H; 3D; 4G; 5A; 6C; 7E; 8B

**7**

MEGLIO UN UOVO OGGI CHE UNA GALLINA DOMANI.

**8**

| T | P | C | O | L | O | N | N | A | S | O | N | O | R | A |
|---|---|---|---|---|---|---|---|---|---|---|---|---|---|---|
| I | R | R | O | O | M | A | O | N | Z | O | C | E | R | T |
| T | O | I | S | M | M | R | I | L | F | N | G | A | C | T |
| O | T | A | R | C | M | L | E | E | O | I | N | U | O | O |
| L | A | M | I | A | E | E | O | G | S | U | L | V | P | R |
| I | G | A | P | M | O | N | D | T | I | C | R | M | I | E |
| D | O | R | R | I | I | K | A | I | C | A | N | E | O | M |
| I | N | T | E | R | P | R | E | T | A | Z | I | O | N | E |
| C | I | A | S | P | R | O | D | U | T | T | O | R | E | P |
| O | S | A | E | R | A | P | E | L | L | I | C | O | L | A |
| D | T | O | M | R | E | H | C | S | E | D | N | A | R | G |
| A | A | R | U | T | A | I | G | G | E | N | E | C | S | D |

ATTORE
CIAK
COLONNA SONORA
COMMEDIA
COPIONE
FILM
GRANDE SCHERMO

INTERPRETAZIONE
PELLICOLA
PRIMA
PRODUTTORE
PROTAGONISTA
REGIA
REGISTA

RIPRESE
RUOLO
SCENA
SCENEGGIATURA
TITOLI DI CODA
TRAMA

## 9

TUTTO È BENE QUEL CHE FINISCE BENE.

## 10

| | | | | | | | | | | | | | | |
|---|---|---|---|---|---|---|---|---|---|---|---|---|---|---|
| B | B | E | C | S | E | P | I | D | A | P | P | U | Z | U | O |
| R | L | A | S | A | G | N | E | C | O | I | A | O | A | T | D |
| O | I | N | I | C | N | A | L | L | F | G | N | T | A | P | U |
| D | O | L | C | E | O | T | M | A | U | A | N | N | T | A | R |
| O | R | I | C | T | C | A | I | I | T | R | A | E | O | N | C |
| P | E | S | T | O | C | G | A | P | R | A | N | M | L | E | O |
| E | C | U | A | B | H | L | A | R | A | P | I | I | L | T | T |
| L | O | G | C | A | I | I | O | C | T | S | S | D | E | T | T |
| E | N | O | O | L | O | A | T | I | C | A | T | N | C | O | U |
| I | T | T | Z | S | C | T | O | A | L | E | L | O | N | N | I |
| M | O | Z | Z | A | R | E | L | L | A | G | T | C | O | E | C |
| L | ⊓ | O | E | M | F | I | Z | A | E | L | A | S | M | F | S |
| F | N | E | R | I | M | L | U | S | I | M | A | R | I | T | O |
| A | O | N | O | C | A | E | P | E | P | C | A | N | L | B | R |
| N | E | L | F | O | C | A | C | C | I | A | L | O | N | I | P |

## 11

| FORTUNA | VERDURA |
|---|---|
| DESTINO | DENTISTA |
| PAZIENZA | SPAZZOLA |
| POSTINO | TOSTAPANE |
| SISTEMARE | ARREDAMENTO |
| COPERTA | TAPPEZZERIA |

## 12

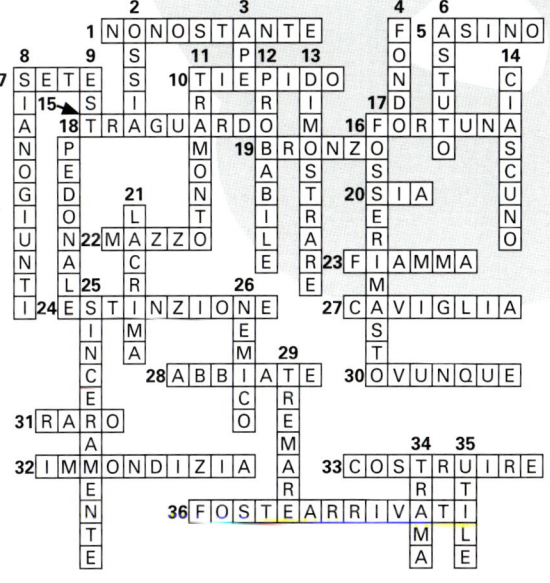

## 13

| | | | | | | | | | | | | | | | |
|---|---|---|---|---|---|---|---|---|---|---|---|---|---|---|---|
| F | L | A | N | C | I | O | T | T | E | I | H | C | C | E | P | S |
| R | A | U | T | A | U | T | O | R | A | D | I | O | O | B | T | I |
| I | A | A | V | N | C | H | F | R | E | C | C | I | A | O | A | I |
| Z | T | T | F | O | E | O | R | R | A | R | I | N | P | L | R | A |
| I | T | A | M | N | L | N | B | O | R | G | E | O | S | H | E | I |
| O | I | R | N | E | I | A | O | N | I | R | T | S | E | N | I | F |
| N | M | G | I | R | A | F | N | A | O | L | F | C | D | A | T | O |
| E | R | A | I | F | N | O | N | T | E | O | C | A | I | E | R | I |
| N | A | T | I | E | I | C | O | A | E | T | I | L | L | V | O | B |
| E | M | P | N | E | U | M | A | T | I | C | O | C | E | C | P | M |
| O | C | N | E | R | O | T | A | R | E | L | E | C | C | A | H | A |
| M | T | E | R | G | I | C | R | I | S | T | A | L | L | O | V | C |

## 14

1. SE**CONICPERETO** ➡ CONCERTO
2. P**RRISNOCINPEA** ➡ PRINCIPE
3. C**GOMGIOIDINNO** ➡ COMODINO
4. C**SECHRCIAAVDO** ➡ SCHIAVO
5. A**RUTIBOERLLEE** ➡ RIBELLE

SEI PERSONAGGI IN CERCA D'AUTORE

## 15

1. acquario – 2. distratto – 3. capolavoro – 4. equipaggio – 5. palcoscenico – 6. bilancia – 7. sintomo – 8. bocciato

FESTIVAL DEL CINEMA DI VENEZIA

## 16

condizionale

congiuntivo

## 17

| 1. | C | O | L | O | S | S | E | O |
|----|---|---|---|---|---|---|---|---|
| 2. | B | I | S | T | E | C | C | A |
| 3. | P | O | L | T | R | O | N | A |
| 4. | C | O | L | T | E | L | L | O |
| 5. | S | T | A | R | N | U | T | O |
| 6. | E | L | E | F | A | N | T | E |

## 18

1D; 2G; 3H; 4F; 5B; 6C; 7I; 8J; 9A; 10E.
ACCADEMIA DELLA CRUSCA

## 19

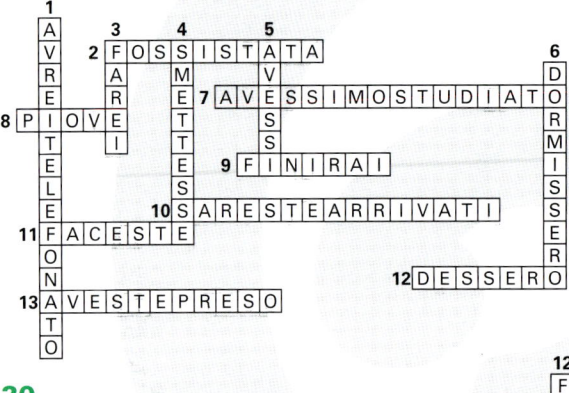

## 20

FARE LA SCARPETTA.

## 21

"CIAO! TI TROVO BENISSIMO, SEI IN FORMA SMAGLIANTE".

## 22

TENTENNARE.

## 23

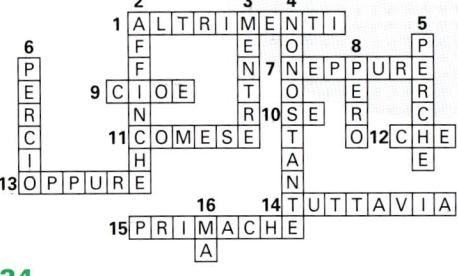

## 24

1V; 2V; 3F; 4V; 5F; 6F.

## 25

1. ROMA – 2. IL PESTO – 3. LA GIOCONDA – 4. LA FERRARI.

## 26

LA VALLE DEI TEMPLI ➤ AGRIGENTO, IL CARNEVALE ➤ VENEZIA,
I FARAGLIONI ➤ CAPRI, LA CASA DI GIULIETTA ➤ VERONA,
PIAZZA DEL CAMPO ➤ SIENA.

## 27

TEVERE : il fiume che scorre a Firenze è l'Arno.
PONTE DI RIALTO: il ponte più famoso di Firenze è Ponte Vecchio,
il Ponte di Rialto si trova a Venezia.
MUSEO DEGLI UFFICI: Museo degli Uffizi.
LAZIO: la regione di cui Firenze è il capoluogo è la Toscana.

## 28

1. rompicapo (D)
2. palla al piede (I)
3. tallone d'Achille (C)
4. dente avvelenato (A)
5. orecchie da mercante (T)
6. pelle d'oca (R)
7. cuore a pezzi (E)
8. nodo in gola (N)
9. febbre del sabato sera (T)
10. rodersi il fegato (A)
11. avere un peso sullo stomaco (T)
12. occhi da pesce lesso (R)
13. avere il pollice verde (E)

"DICA TRENTATRE!"

## 29

LA VITA È FATTA A SCALE: C'È CHI SCENDE E C'È CHI SALE.

## 30

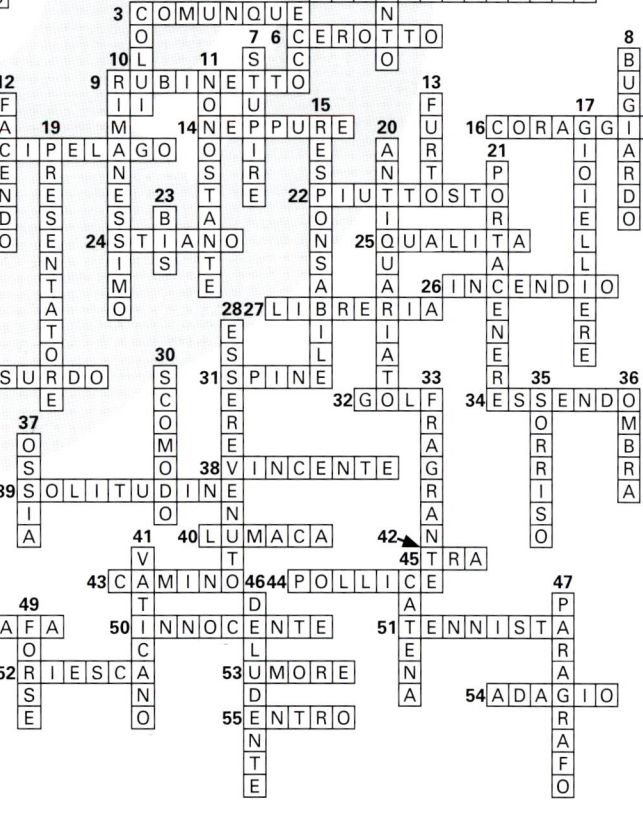

## 31

1. TAPPO
2. LAVAGNA
3. ASSASSINO
4. SASSO
5. INUTILI
6. TATTO
7. SOGNO

Vertical: P A S S I T O

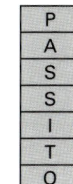

## 32

| | | | | | | | | | | | | |
|---|---|---|---|---|---|---|---|---|---|---|---|---|
| SPUNTINO | P | A | S | T | O | | | | | | | |
| GIORNALISTA | P | R | O | F | E | S | S | I | O | N | E | |
| FUI | P | A | S | S | A | T | O | R | E | M | O | T | O |
| COLORO CHE | P | R | O | N | O | M | E | | | | | | |
| TOSCANA | R | E | G | I | O | N | E | | | | | | |
| TARGA | A | U | T | O | | | | | | | | |
| FERRO | M | E | T | A | L | L | O | | | | | |
| RADICI | A | L | B | E | R | U | | | | | | |
| ASPIRAPOLVERE | E | L | E | T | T | R | O | D | O | M | E | S | T | I | C | O |
| CINTURA | A | C | C | E | S | S | O | R | I | O | | | |
| PARAGRAFO | C | A | P | I | T | O | L | O | | | | | |
| PRENOTAZIONE | A | L | B | E | R | G | O | | | | | | |

"TEATRO ALLA SCALA"

## 33

| | | | |
|---|---|---|---|
| 1. | MARTELLO | (1, 8) | MO |
| 2. | ELEGANTE | (2, 1) | LE |
| 3. | MINESTRA | (8, 3) | AN |
| 4. | TELECOMANDO | (1, 6) | TO |
| 5. | CORNICE | (4, 7) | NE |
| 6. | PADELLA | (5, 6) | LL |
| 7. | LAMPADINA | (7, 2) | IA |
| 8. | MANIGLIA | (3, 8) | NA |

MOLE ANTONELLIANA

## 34

SCULTURA, MOSTRA, RITRATTO, MONUMENTO, NATURA MORTA, STATUA, OPERA D'ARTE, PINACOTECA.

LA PRIMAVERA

## 35

| | | | | | | | | | | | | | | | |
|---|---|---|---|---|---|---|---|---|---|---|---|---|---|---|---|
| P | A | S | C | O | L | I | U | L | C | A | T | A | N | I | A |
| A | S | P | A | S | A | R | N | T | C | A | S | E | R | T | A |
| I | T | F | I | I | A | A | A | C | E | T | S | E | I | R | T |
| R | I | O | T | S | E | I | U | R | P | E | R | U | G | I | A |
| E | C | L | S | O | A | L | B | E | R | O | B | E | L | L | O |
| P | O | I | E | L | A | G | S | A | D | O | I | O | G | A | R |
| M | S | G | T | A | N | A | A | B | L | A | P | L | L | A | M |
| I | E | N | O | D | O | C | U | O | R | A | A | A | I | V | I |
| L | N | O | R | E | C | U | G | E | N | O | V | A | N | O | N |
| A | Z | L | I | L | N | N | G | C | O | M | O | H | I | D | A |
| N | A | D | N | B | A | E | E | R | O | S | T | H | M | A | I |
| O | O | E | O | A | S | O | M | A | T | E | R | A | I | P | I |
| T | M | O | O | M | R | E | L | A | P | R | E | I | R | A | B |

## 36

GIOCATTI: *GIOCAI*, ASCOLTAMO: *ASCOLTAMMO*, RIMANEI: *RIMASI*, INCONTRIRONO: *INCONTRARONO*, BEVVIMO: *BEVEMMO*, AIUTEI: *AIUTAI*, LAVORASSIRONO: *LAVORARONO*, DIEDESTI: *DESTI*, ISTRUITTI: *ISTRUÌ*.

GARIBALDI

## 37

LA BATTAGLIA DELLE ARANCE.

## 38

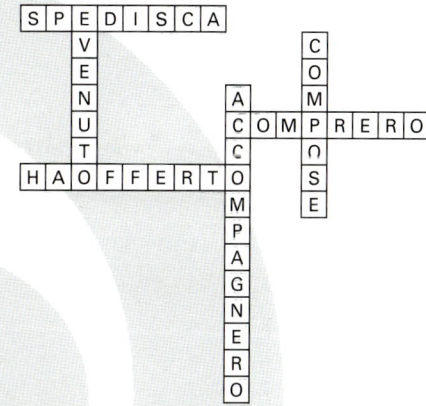

attivo / passivo

## 39

COMUNQUE, SEPPE, DINAMICO, OTTIMO.

## 40

CAFFETTIERA, GRATTUGIA, SCOLAPASTA.

## 41

| | | | | | | | | |
|---|---|---|---|---|---|---|---|---|
| INNOCENTE | C | O | L | P | E | V | O | L | E |
| CONTINUO | S | A | L | T | U | A | R | I | O |
| DOCILE | R | I | B | E | L | L | E | | |
| SELVAGGIO | A | D | D | O | M | E | S | T | I | C | A | T | O |
| MALIZIOSO | I | N | G | E | N | U | O | | |
| COLTO | I | G | N | O | R | A | N | T | E |
| NOCIVO | I | N | N | O | Q | U | O | | |
| VENDITORE | A | C | Q | U | I | R | E | N | T | E |

MELANZANE ALLA PARMIGIANA

## 42

ACQUARIO, COSCIENZA, AEROPORTO, PIOGGERELLINA, SCOMMESSA.

## 43

1. S G O **A** P T R **R A** E L O
2. S **A** E **P** V **A** O **N** R **C A A**
3. N L E **A L C C A** E P U **R**
4. A V C E **A** L M Q P M A V
5. R **S** I **O S T** E **T** D **O O** L
6. A B **P A A C N** I **C B A** D
7. L **C A** E **C T A** I **P N R A**
8. D **A** E **C F R I E L P Q A**

SOPRA LA PANCA, LA CAPRA CAMPA, SOTTO LA PANCA, LA CAPRA CREPA.

## 44

IL TRICOLORE.

## 45

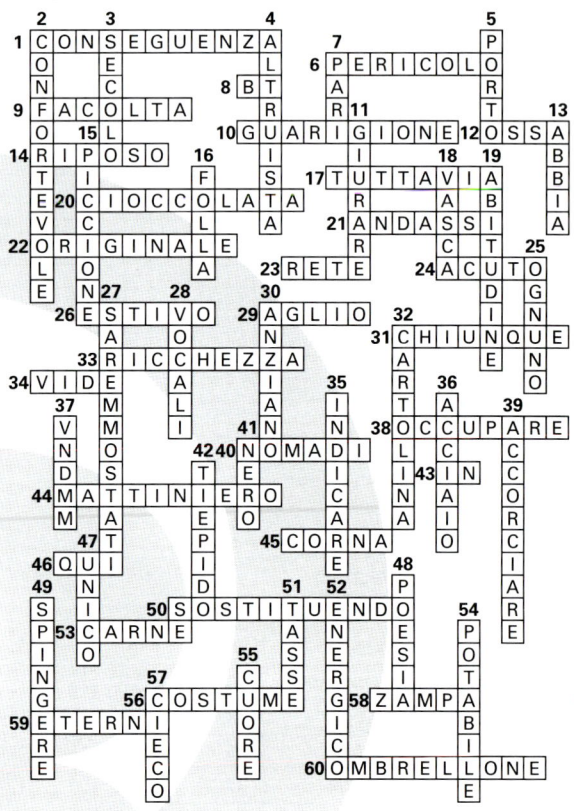

# ORIZZ3NTALE

Finito di stampare nel mese di aprile 2007
da Guerra guru s.r.l. - via A. Manna, 25 - 06132 Perugia
tel. +39 075 5270257-8 / fax +39 075 5288244
e-mail: geinfo@guerra-edizioni.com
www.guerra-edizioni.com